AO PROFESSOR, COM CARINHO

Rubem Alves

AO PROFESSOR, COM CARINHO

A arte do pensar e do afeto

PAIDÓS

Copyright © Rubem Alves, 2021
Copyright © Editora Planeta do Brasil, 2021
Todos os direitos reservados.

Preparação: Denise Morgado
Revisão: Marina Castro e Carmen T. S. Costa
Projeto gráfico e diagramação: 3Pontos Apoio Editorial Ltda
Capa: Filipa Damião Pinto | Foresti Design
Ilustração de capa: George Shaw
Ilustrações de miolo: Elivelton Reichert

Dados Internacionais de Catalogação na Publicação (CIP)
Angélica Ilacqua CRB-8/7057

Alves, Rubem, 1933-2014
    Ao professor, com carinho: a arte do pensar e do afeto/ Rubem Alves. – São Paulo: Planeta, 2021.
    128 p.

ISBN 978-65-5535-458-4

1. Crônicas brasileiras 2. Educação - Crônicas I. Título

21-2604   CDD B869.8

Índice para catálogo sistemático:
1. Crônicas brasileiras

Ao escolher este livro, você está apoiando o manejo responsável das florestas do mundo e outras fontes controladas

2025
Todos os direitos desta edição reservados à
EDITORA PLANETA DO BRASIL LTDA.
Rua Bela Cintra, 986, 4º andar – Consolação
São Paulo – SP CEP 01415-002
www.planetadelivros.com.br
faleconosco@editoraplaneta.com.br

Sumário

9 "Este livro é uma porta irreversível", por Alexandre Coimbra Amaral

13 "Seus livros são gostosos de ler porque tiram nossas ideias para pensar", por Pedro Salomão

17 "'A fome é que faz a alma voar em busca do fruto sonhado'", por Cláudio Thebas

25 Sobre os perigos da leitura

35 Sobre transar e ensinar

45 Sobre transar e ensinar 2

55 O fim dos vestibulares

65 Cabeça vazia

75 Magia

85 Receita para se comer queijo

95 Pensar

105 Biografia do autor

"Este livro é uma porta irreversível",

por Alexandre Coimbra Amaral,
psicólogo e autor de *Cartas de um
terapeuta para seus momentos de crise*

Eu faço este prefácio como quem, de joelhos, realiza uma oração. Afinal, eu leio Rubem Alves desde os 15 anos, quando o seu *Filosofia da ciência: introdução ao jogo e suas regras* lançou-me ao desejo de fazer ciência, mas não como uma camisa de força, e sim como a possibilidade de inventar mundos no mundo. Ele era, desde ali, num livro que explicava em metáforas poéticas o mais duro dos métodos científicos, uma mistura irreverente de cientista, teólogo, psicanalista, artista, poeta, trovador da vida e encantador de leitores. Se este é o seu primeiro livro do Rubem, eu recomendo a você desacreditar em seu tamanho. Ele sempre gostou de escrever livros curtos, para assim mesmo provocar inquietações longas. A experiência do leitor, debruçado em seu livro, é sempre a de receber palavras que gerarão silêncios, que se transformarão em perguntas sem respostas fáceis. Rubem fazia a filosofia descer do salto, fazia a psicanálise falar fácil, fazia a educação aprender com quem supostamente estava na ignorância, e fazia a poesia emoldurar tudo com o seu manto mais libertário. A literatura de Rubem Alves é a vitória da alma sobre a rigidez das definições dos títulos acadêmicos.

Este livro é uma porta irreversível. Uma vez aqui dentro, o professor ou o estudante que está em você se perderá nestas definições antagônicas. Rubem veio ao mundo para quebrar as dicotomias e integrar água e óleo, separados pela inflexibilidade das mentes humanas. Você vai se emocionar com o que a sua história poderia ter sido, imaginar futuros para as histórias alheias, perder-se das certezas tolas e reencontrar-se com a leveza de um mundo que sempre está prenhe de existir. Rubem é uma espécie de diálogo entre a lucidez de Paulo Freire e a poesia de Thiago de Mello, em sua capacidade de integrar os avessos de um mundo injusto, a fé no humano, a urgência de se transformar o mundo e a força da palavra poética.

Por isso, venha para esta leitura indispensável ao coração de quem se esperança no mundo por meio da educação, da arte e da ação política. Sua alma vai alvorecer diferente, como ela gosta de fazer: brincando de se refazer, compenetrada na seriedade de inventar o que ainda não está posto, nem sequer sonhado. Porque, aqui, os afetos são como o vento – que traz a semente de dente-de-leão para dançar a semeadura da liberdade – e a educação – o lugar onde tudo pode reacontecer –, acreditando que ainda somos feitos da alegria da criança de calças curtas e cabelo desgrenhado, feliz por ter sido escolhida para apagar o quadro verde recheado das palavras que precisam resistir.

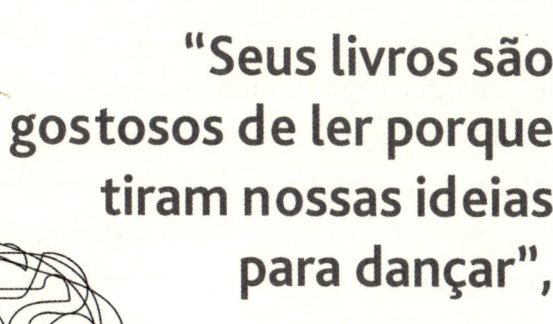

> "Seus livros são gostosos de ler porque tiram nossas ideias para dançar",

por Pedro Salomão, poeta e autor de
Eu tenho sérios poemas mentais

Tem o tipo de provocação que afrouxa as regras, que desamarra o sapato dos dogmas, que estimula o desenvolvimento e expande a compreensão, sem se propor a encerrar um assunto.

Rubem Alves é tão certeiro em suas colocações que uma simples agulhada de suas linhas já é capaz de descosturar toda a certeza que tecemos a respeito da vida e da educação. Sua genialidade está em nunca ter deixado de fazer o tipo de questionamento que as crianças fazem; tem um ar de brincadeira, mas uma brincadeira madura, que coloca em xeque toda a nossa "adultice".

Seus livros são gostosos de ler porque tiram nossas ideias para dançar, e dançam com tanta facilidade que nem nos damos conta da seriedade dos assuntos que estão sendo abordados. É impossível ter contato com sua obra sem questionar velhas certezas, sem repensar critérios de avaliação, sem ressignificar a ideia de educação.

Rubem Alves consegue ter uma análise crítica, complexa e profunda da educação sem perder a leveza e a paixão pelo ato de educar. Sua pedagogia sempre sugere partir da curiosidade e da imaginação inerentes a cada ser humano, cabendo ao professor potencializar a essência criativa do aluno e sua natureza desbravadora do saber.

É difícil definir sua obra, e acredito que ele nunca tenha se proposto a concluí-la; pelo contrário, ela desamarra e deixa em aberto, aberto para o questionamento, para a infância, para o aprendizado e para a liberdade.

É um libertário amável, um educador atento, um pensador inquieto e um revolucionário doce.

"'A fome é que faz a alma voar em busca do fruto sonhado'",

por Cláudio Thebas, educador, palhaço e autor de *Ser bom não é ser bonzinho*

Em meados dos anos 1990, frequentei, como aluno ouvinte, as aulas de Psicologia da Educação de uma grande universidade de São Paulo. Eu estava prestes a fazer 30 anos, estava meio perdido, mas começava a sentir um gosto especial por educação. No início, lembro-me bem: eu ia às aulas com muito entusiasmo, com fome de saber e descobrir. No entanto, pouco a pouco, a forma como as aulas eram conduzidas foi minando a minha vontade. Nunca me foi perguntado, como diriam os Titãs, "Você tem fome de quê?".

A coisa toda vinha de fora para dentro. E, para piorar, os professores não falavam a minha língua. Para mim, tudo soava um "pedagogês" quase ininteligível, que fazia com que eu me sentisse em permanente estado de inferioridade e débito. Na ânsia por me mostrar merecedor de ocupar aquela vaga e diminuir a distância entre mim e os professores, passei a engolir sem questionamento tudo o que me era oferecido. O abundante conteúdo digerido, no entanto, me causava um efeito estranho: ele não matava a minha fome, mas, enfastiado, eu perdia a vontade de comer. Já estava prestes a desistir, não só da faculdade, mas da educação como um todo, quando fui abalroado por um xerox. Não pela máquina, é claro, mas por um maço de folhas fotocopiadas. Nessa época, a gente chamava esses textos "xerocados" de "apostilas", o que era um jeito de conferir algum caráter oficial ao material provavelmente "pirateado" por alunos sem grana para comprar tantos livros, mas com interesse em aprender. Não precisei chegar ao fim do texto para me apaixonar. O conteúdo rapidamente me reconectou com a minha fome. Era poético, divertido, profundo, e, o que considero mais importante, naquelas páginas, a educação se revelava como uma forma de amar. Acho que eu nunca soube o título da "apostila", mas nunca mais me esqueci do nome do seu autor: Rubem Alves.

Neste livro que está em suas mãos, o mestre nos ensina que "a fome é que faz a alma voar em busca do fruto sonhado". E foi exatamente esse o efeito que aquele velho maço de folhas grampeadas teve sobre minha vida. Ao me reconectar com a minha fome, Rubem Alves despertou o voo contido em minha alma de aprendiz: saí daquela faculdade, percorri caminhos de aprendizagem bem pouco ortodoxos, encontrei muitos mestres, virei palhaço, até finalmente me reconciliar com a academia e me pós-graduar em Pedagogia da Cooperação. Hoje, passados tantos anos, tento me lembrar de qual era o conteúdo mágico daquele xerox, e as primeiras palavras que me vêm à cabeça são: emoção, delicadeza, afeto, profundidade. A beleza do texto me alcançou antes da sua importância e, paradoxalmente, a meu ver, é justamente essa a qualidade que o faz ser tão importante.

Recentemente, uma amiga contadora de histórias me falou que para os sufis o conhecimento é como as sementes que ficam dentro de frutas suculentas, muito saborosas. Ao comermos as frutas, estamos nos alimentando, sem perceber, de saberes. Para os sufis, essas frutas do conhecimento têm um nome: histórias. E Rubem Alves sabe contar histórias como poucos. As frutas que ele generosamente nos oferece têm um efeito poderoso e paradoxal: elas alimentam ainda mais a nossa fome.

Neste pequeno e extraordinário livro, aprendemos com o querido mestre que, para alcançar as frutas desejadas, nosso pensamento precisa de um pátio para brincar. Para poder virar ponte, para poder virar águia. Para nos levar além. É com grande honra que escrevo este prefácio. E tenho convicção de que este livro poderá abrir seus olhos, seu coração, seu apetite e suas asas.

"Muitos idiotas têm boa memória. Interessávamo-nos por aquilo que ele pensava. Poderia falar sobre o que quisesse, desde que fosse aquilo sobre o que gostaria de falar. Procurávamos as ideias que corriam no seu sangue!"

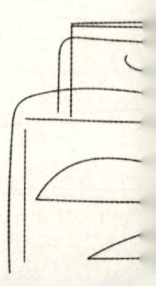

Sobre os perigos da leitura

Nos tempos em que eu era professor da Unicamp, fui designado presidente da comissão encarregada da seleção dos candidatos ao doutoramento, o que é um sofrimento. Dizer "esse entra", "esse não entra" é uma responsabilidade dolorida da qual não se sai sem sentimentos de culpa. Como, em vinte minutos de conversa, decidir sobre a vida de uma pessoa amedrontada? Mas não havia alternativas. Essa era a regra. Os candidatos amontoavam-se no corredor, recordando o que haviam lido da imensa lista de livros cuja leitura era exigida.

Aí tive uma ideia que julguei brilhante. Combinei com os meus colegas que faríamos a todos os candidatos uma única pergunta, a mesma pergunta. Assim, quando o candidato entrava trêmulo e se esforçando para parecer confiante, eu lhe fazia a pergunta, a mais deliciosa de todas: "Fale-nos sobre aquilo que você gostaria de falar!". Pois é claro! Não nos interessávamos por aquilo que ele havia memorizado dos livros. Muitos idiotas têm boa memória. Interessávamo-nos por aquilo que ele pensava. Poderia falar sobre o que quisesse, desde que fosse aquilo sobre o que gostaria de falar. Procurávamos as ideias que corriam no seu sangue!

Mas a reação dos candidatos não foi a esperada. Foi o oposto. Pânico. Foi como se esse campo, aquilo sobre o que eles gostariam de falar, lhes fosse totalmente desconhecido, um vazio imenso. Papaguear os pensamentos dos outros, tudo bem. Para isso eles haviam sido treinados durante toda a sua carreira escolar, a partir da infância. Mas falar sobre os próprios pensamentos – ah! isso não lhes tinha sido ensinado. Na verdade nunca lhes havia passado pela cabeça que alguém pudesse se interessar por aquilo que estavam pensando. Nunca lhes havia passado pela cabeça que os seus pensamentos pudessem ser importantes.

Uma candidata teve um surto e começou a papaguear compulsivamente a teoria de um autor marxista.

Acho que ela pensou que aquela pergunta não era para valer. Não era possível que estivéssemos falando a sério. Deveria ser uma dessas "pegadinhas" sádicas cujo objetivo é confundir o candidato. Por via das dúvidas, ela optou pelo caminho tradicional e tratou de demonstrar que havia lido a bibliografia. Aí eu a interrompi e lhe disse: "Eu já li esse livro. Eu sei o que está escrito nele. E você está repetindo direitinho. Mas nós não queremos ouvir o que já sabemos. Queremos ouvir o que não sabemos. Queremos que você nos conte o que você está pensando, os pensamentos que a ocupam...". Ela não conseguiu. O excesso de leitura a havia feito esquecer e desaprender a arte de pensar.

Parece que esse processo de destruição do pensamento individual é uma consequência natural das nossas práticas educativas. Quanto mais se é obrigado a ler, menos se pensa. Schopenhauer tomou consciência disso e o disse de maneira muito simples em alguns textos sobre livros e leitura. O que se toma por óbvio e evidente é que o pensamento está diretamente ligado ao número de livros lidos. Tanto assim que se criaram técnicas de leitura dinâmica que permitem que se leia *Grande sertão: veredas* em pouco mais de três horas. Ler dinamicamente, como se sabe, é essencial para se preparar para o vestibular e para fazer os clássicos fichamentos exigidos pelos professores. Schopenhauer pensa o contrário: "É por isso que, no que se refere a nossas leituras, a arte de *não* ler é sumamente importante". Isso contraria tudo o que se tem como verdadeiro, e é preciso seguir o seu pensamento. Diz ele: "Quando lemos, outra pessoa pensa por nós: só repetimos o seu processo mental". Quanto a isso, não há dúvidas: se pensamos os nossos pensamentos enquanto lemos, na verdade não lemos. Nossa atenção não está no texto. Ele continua:

> Durante a leitura, nossa cabeça é apenas o campo de batalha de pensamentos alheios. Quando estes, finalmente, se retiram, o que resta? Daí se segue que aquele que lê muito

> e quase o dia inteiro [...] perde, paulatinamente, a capacidade de pensar por conta própria [...]. Este, no entanto, é o caso de muitos eruditos: leram até ficar estúpidos. Porque a leitura contínua, retomada a todo instante, paralisa o espírito ainda mais que um trabalho manual contínuo [...].

Nietzsche pensava o mesmo e chegou a afirmar que, nos seus dias, os eruditos só faziam uma coisa: passar as páginas dos livros. E com isso haviam perdido a capacidade de pensar por si mesmos.

> Se não estão virando as páginas de um livro, eles não conseguem pensar. Sempre que se dizem pensando, eles estão, na realidade, simplesmente respondendo a um estímulo: o pensamento que leram [...]. Na verdade eles não pensam; eles reagem. [...] Vi isso com meus próprios olhos: pessoas bem-dotadas que, aos 30 anos, haviam se arruinado de tanto ler. De manhã cedo, quando o dia nasce, quando tudo está

nascendo – ler um livro é simplesmente algo depravado [...].

E, no entanto, eu me daria por feliz se as nossas escolas ensinassem uma única coisa: o prazer de ler!

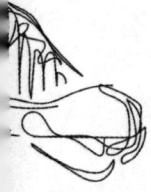

"O pensamento são as ideias dançando."

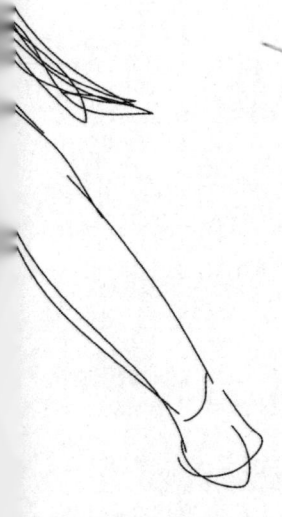

Sobre transar e ensinar

Nietzsche diz que, para se aprender a pensar, é preciso aprender a dançar. O pensamento são as ideias dançando. Há danças dos tipos mais variados, desde a marcha militar até o balé. A analogia é um passo da dança do pensamento. Pela analogia, o pensamento pula de uma coisa que ele conhece para uma coisa que ele não conhece. Aquilo que desconheço é "como" isso que conheço. "Como" não é a mesma coisa que "igual". Na analogia eu não afirmo que aquilo é "igual" a isso. Digo que é "como". É só parecido. A analogia não dá conhecimento preciso sobre o desconhecido – mas o torna familiar. Quando se conhece mesmo, de verdade, não é preciso fazer uso de analogias. Se conheço uma maçã, eu digo "maçã" e pronto. Não vou dizer que ela é "como" uma pera redonda vermelha. Imagine agora o que deve ter acontecido com os brancos quando eles pela primeira vez se encontraram com os esquimós. Os esquimós não conheciam frutas. Lá é tudo gelo. Conversar sobre peixes era fácil. Os esquimós eram especialistas em peixes. Mas e se um branco resolvesse contar a estória da Branca de Neve – aquele pedaço em que a madrasta envenenou a maçã? O que é maçã? Acho que, se fosse comigo, eu diria que maçã é algo que, por fora, é como o coração de uma foca, vermelho, e, por dentro, é como a neve fresca. Mas eu não teria como falar-lhes do cheiro e do gosto.

As analogias, assim, não nos dão conhecimento exato. Elas nos introduzem no campo da familiaridade. Por isso, os cientistas que acham que ciência é conhecimento exato desprezam o uso das analogias.

Mas o fato é que há uma infinidade de experiências que não podem ser comunicadas de forma científica – aquelas que não podem ser medidas e submetidas à estatística. Como comunicar, por meio de palavras precisas, o cheiro da maçã, a ternura de um olhar, a tristeza de um crepúsculo, o medo de morrer, o mistério da floresta, o fascínio do mar? As coisas impossíveis de serem comunicadas diretamente só podem ser comunicadas por meio das analogias. E é aí que surge a poesia, a linguagem das coisas que não podem ser ditas diretamente.

As coisas do amor podem ser ditas de forma científica, sem o uso de analogias? Master & Johnson, um famoso casal de sexólogos, tentaram dizer na linguagem científica, sem analogias, o que acontecia quando um homem e uma mulher faziam amor. Para isso ligaram aos corpos de um homem e de uma mulher transando todos os tipos de fios e aparelhos elétricos, para que assim, por meio de medições, o ato do amor pudesse ser conhecido de forma precisa. Posso imaginar a reação dos cientistas diante dos gráficos, mesmo aqueles que nunca tinham transado. Sorridentes e extasiados, eles diziam: "Finalmente sabemos com precisão o que é fazer amor. Já não mais necessitamos das analogias dos poetas...".

As coisas da educação podem ser ditas de forma científica, sem o uso de analogias? A mesma doidice de Master & Johnson se apossou de certos pedagogos que, envergonhados pela imprecisa e inferior linguagem poético-analógica de alguns educadores – como é o caso absurdo de Roland Barthes, que se referia à educação como "maternagem", analogia romântica que liga o educador à mãe! –, tratam de definir a educação como um saber científico e preciso.

Não é o meu caso. Não acredito que o amor possa ser dito com os gráficos científicos de Master & Johnson. Não acredito que o ato de educar possa ser dito na precisa linguagem das "ciências da educação". Conheço melhor o amor e a educação através das analogias poéticas.

As Sagradas Escrituras, que nada sabiam de ciência do amor e de ciência da educação, fazem uso de uma analogia insólita que liga a experiência fundamental da educação, o ato de conhecer, ao ato de fazer amor. Diz ela: "E Adão conheceu a sua mulher, e ela concebeu e pariu um filho...".

Uma feminista protestaria logo: "Analogia machista. No texto o homem é o sujeito do conhecimento. É ele que conhece. A mulher é objeto do conhecimento, passiva. Assim, o ato de conhecer fica sendo um ato masculino".

Parece machista, mas não é. De fato, a analogia diz que o ato de conhecer é masculino.

Mas *masculino* não quer dizer "de homem". O *masculino* é uma função que pode ser executada tanto por homens quanto por mulheres. Como também há funções femininas que podem ser executadas tanto por mulheres quanto por homens. As feministas vivem dizendo que minha escritura é feminina, o que simplesmente me dá alegria. Mas o texto bíblico sugere uma outra coisa: conhecer é função masculina; conceber e parir são funções femininas. Brincando com a analogia: será que o ato de conhecer é análogo ao pênis, e os atos de conceber e parir são análogos ao útero?

Essa analogia, então, nos introduz na familiaridade do mundo em que conhecer e fazer amor se misturam. Se Nietzsche disse que, para pensar, é preciso saber dançar, digo eu que, para ensinar, é preciso saber fazer amor. Fazer amor é como conhecer; conhecer é como fazer amor. Assim dizem as Sagradas Escrituras. Assim diz a psicanálise.

Aristóteles, na primeira frase com que abre sua metafísica, diz o seguinte: "Todos os homens têm, naturalmente, um impulso para adquirir conhecimento". Entre as crianças, acho que a primeira manifestação desse impulso se encontra no dedinho que quer enfiar em todo buraco que vê: buraco de tomada elétrica, buraco de gargalo de garrafa, buraco de nariz.

O ato de enfiar o dedo é mais que expressão do desejo de conhecer. É gostoso enfiar o dedo. Todo o mundo sabe da função erótica do dedo. Existe uma analogia entre dedo e pênis. Até as crianças já fazem aquele gesto obsceno. O dedo é um dos nossos órgãos sexuais.

Quando eu era menino, sem nada saber sobre sexo, gostava de descascar as mexericas para, depois, enfiar o dedo no buraco fechado e apertado do meio dos gomos. Era delicioso, meu dedo enfiado apertado, no obscuro buraco da mexerica. Um menininho foi humilhado por duas menininhas. Quando elas o viram com o pintinho de fora fazendo xixi, caíram na risada: "É igual a um pepininho!". Ao que ele retrucou: "E vocês, que o que têm são dois gominhos de mexerica!". Bom observador, o menino; sua imaginação já conhecia através das analogias. O que prova que as ligações que fiz entre o ato de enfiar o dedo na mexerica e o ato de fazer amor não foram arbitrárias.

É claro que nenhum pedagogo científico levará a sério o que acabo de dizer. Dirá que sou um brincalhão irresponsável. Desconhece o ditado: *Ridendo dicere severum!* ("Rindo, dizer as coisas sérias!"). Sou absolutamente sério nas minhas brincadeiras literárias. As analogias nos introduzem no parentesco das coisas que compõem o mundo. Quem só sabe a coisa, como deseja a ciência, sabe muito pouco. As coisas exibem a sua nudez quando refletidas em outras. O uso da analogia não indica pobreza de conhecimento, como quer a ciência. Indica exuberância, excesso, transbordamento. As coisas, sozinhas, não se dizem. É preciso que outras coisas as digam. Pois eu estou dizendo que o ato de educar se revela no ato de fazer amor. Quem aprende dos amantes fica um melhor educador. Os alunos conhecerão, conceberão e parirão...

"Não aconteceu nunca para que aconteça sempre e em todo lugar."

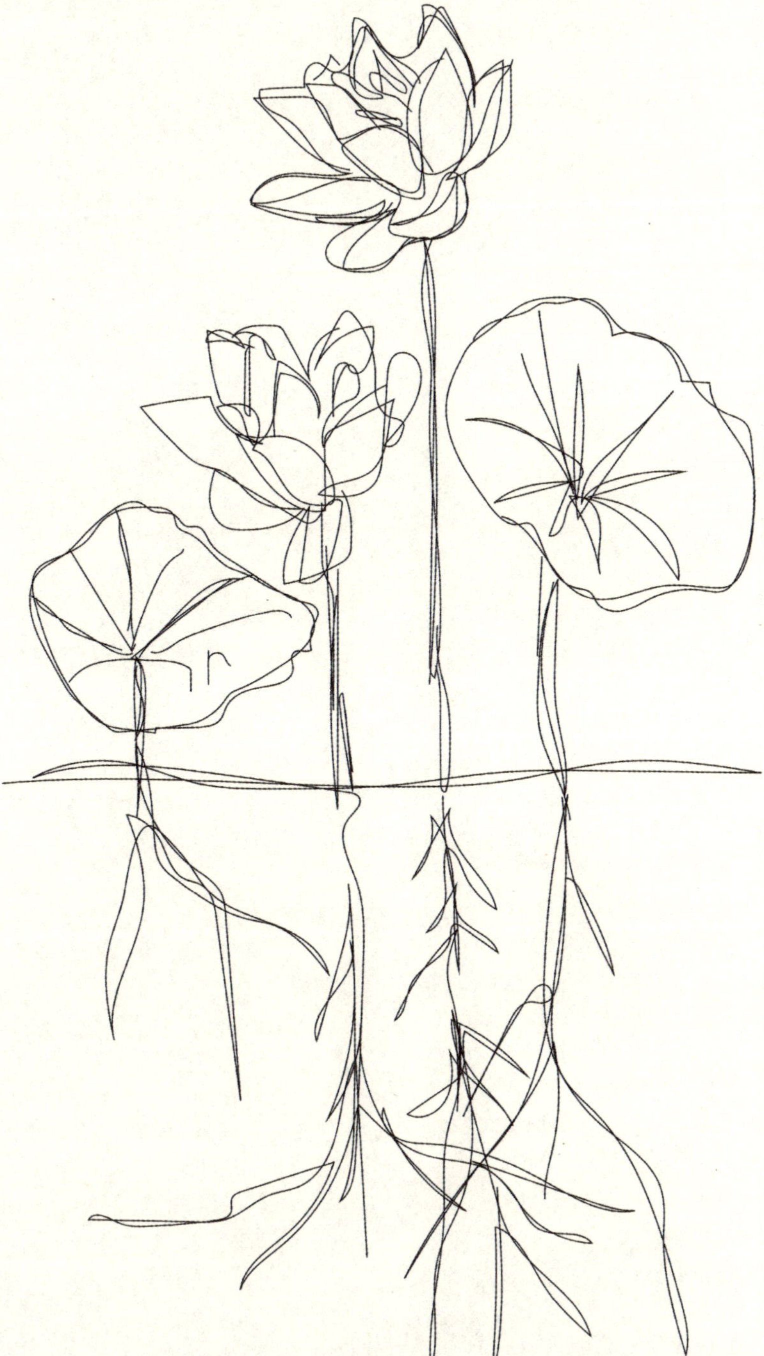

Sobre transar e ensinar 2

Vou continuar o assunto da última crônica. Falei sobre a analogia que existe entre fazer amor e ensinar. Não se trata de uma brincadeira minha. As analogias têm um poder que as explicações científicas não têm. As explicações científicas se fragmentam em 10 mil detalhes, todos eles possivelmente verdadeiros e possivelmente irrelevantes. A verdade frequentemente é banal e relevante. As analogias, ao contrário, vão sempre ao essencial. A visão de uma analogia dá uma compreensão instantânea da essência da coisa.

A educação é algo que acontece entre a boca e o ouvido. A mãe canta uma canção de ninar. O nenezinho ouve. E ele, que não sabe o sentido das palavras, compreende o sentido da música. Aprende, sem palavras, o sentido de mãe. Um universo começa a se formar no seu corpo. Nasce, então, a primeira e inefável metafísica: o universo é como uma mãe. O nenezinho fica tranquilo e adormece. A educação é a continuação dessa primeira transa entre a boca e o ouvido.

Uma antiquíssima tradição reza que a abençoada Virgem Maria foi engravidada pelo ouvido. Para que não se pense que esse é um assunto de somenos importância, informo a meus leitores que Ernest Jones, biógrafo de Freud, psicanalista de cuja seriedade ninguém pode duvidar, escreveu um longo ensaio com o título "A concepção da Madona através do ouvido".[1] O literalismo dos teólogos ortodoxos, incapazes de entender as metáforas, transformou o nascimento virginal numa anormalidade ginecológica. Mas a tradição da concepção através do ouvido diz outra coisa: que há gravidezes que acontecem quando a palavra e o ouvido fazem amor. Não tendo sido penetrada pelo órgão de um homem, a Virgem agraciada ouviu uma palavra sedutora. E ela se deixou penetrar prazerosamente. Penetrações angelicais só podem ser

---

1. The Madonna's Conception Through the Ear. In: *Essays in Applied Psychoanalysis II*. Londres, 1951, p. 266-357.

prazerosas! E foi assim que dentro dela o Verbo espermático do Espírito plantou a sua semente.

Assim é. A fala é fálica. A palavra é pênis. Masculina. No silêncio, é como se não existisse. Mas aí ela toma forma, cresce, se alonga em busca de um ouvido. Que seria da palavra sem o vazio do ouvido que a acolha? A palavra deseja penetrar o ouvido. O ouvido é um vazio. Ele recebe. É feminino. Vaginal.

Mas não basta penetrar. O objetivo da penetração é colocar, dentro de quem ouve, uma semente, sêmen. A fala quer engravidar o outro. Como diz a parábola de Jesus: "Um semeador saiu a semear...". O ato de educar é uma semeadura.

No mundo biológico é possível engravidar pela violência. Estupro. Dor. E a mulher violentada fica grávida. Há certas falas que são também um estupro. O ouvido as odeia. Preferiria não ouvi-las. Penetram pela violência, pelo medo que causam. São capazes de fazer o corpo mexer: "Ordinário, marche!". Mas essa fala não tem poder para engravidar o corpo. As sementes só produzem gravidezes se a penetração for prazerosa.

A analogia entre fazer amor e educação me sugeriu uma outra divertida e instrutiva analogia: a analogia entre a inteligência e o pênis. Se acham que fiquei doido, digo-lhes que outras pessoas, antes de mim, perceberam a mesma coisa. Fernando Pessoa, por exemplo, na sua "Saudação a Walt Whitman", fala sobre "uma ereção abstrata e indireta no fundo da minha alma [...]".

E Dalí dizia: "Eu vivo em estado de ereção intelectual permanente". Ereção, como é sabido por todos, é o estado do pênis contrário à sua condição de flacidez. Flácido, o pênis tem apenas funções excretoras, urinárias. Frequentemente os homens se envergonham dele, em decorrência do tamanho, que julgam pequeno. Ereto, o pênis é outro órgão. Tem poder para dar prazer e para fecundar. Um pênis ereto é uma promessa de amor e uma possibilidade de vida. E o que é que produz o pênis ereto? Sei as respostas dos médicos. São os hormônios, é o sangue, são os músculos. É verdade. Esses elementos constituem a hidráulica da ereção. Mas o que é que dispara esse processo? Qual é o fator excitante original? Sem excitação não existe ereção.

É assim, precisamente, que funciona a inteligência. Lá está ela, flácida e ridícula. Pequena demais. Talvez inexistente. "Curto de inteligência, meio burrinho...", se diz. Não se nota que ela está assim porque ainda não houve um objeto de amor que a excitasse para ter uma ereção.

Encontrei, num aeroporto, um livro de psicologia barata. Intrigado pelo nome, *A sabedoria do pênis* (Aha! Fiquei curioso! Minha inteligência teve uma ereção, excitada!), comprei. O autor relatava uma mulher que se queixava de que todos os homens eram impotentes. Ao que ele comentou: "Ela não percebia que ela tornava os homens impotentes...". A inteligência é assim: há professores – e incluo aqui os professores de escola, pais, mães, instrutores – que têm a extraordinária capacidade de criar impotência de inteligência. (Pois, se existe impotência sexual e a analogia é válida, tem de haver impotência de inteligência.) Seria interessante que houvesse avaliação dos professores para saber quais são os excitantes e quais são os brochantes. Esses últimos são perigosos. Exibem seus talos de saberes para humilhar os que ainda não sabem. O que desejam, mesmo, é produzir eunucos.

O pênis em ereção está procurando. Ele ainda não encontrou. Por isso sofre. A inteligência em ereção é também uma procura; ela não tem ainda. Não confundir habilidade com inteligência. Habilidade são os automatismos desenvolvidos para resolver exercícios. Ela tem a ver com aquilo que já se aprendeu. O vestibular é uma prova de habilidades. Ser o primeiro no vestibular é prova de habilidade e de memória. Mas não é prova de inteligência. Porque a inteligência é a procura do desconhecido que não foi ensinado e não é sabido.

Diferente do pênis ereto, o útero é o vazio onde se depositam sementes. Lá o sêmen não fica sêmen. Ele se encontra com o óvulo que estava à espera. E aí uma coisa se inicia, diferente de tudo o que houve no passado. O útero é lugar de criação, onde o novo é gerado. A mente é como o útero: nela o pensamento procria. É nela que se geram os poemas, a literatura, as obras de arte, as invenções, as teorias científicas. Não confundi-la com a memória, que é o lugar onde ficam guardadas as repetições. A memória é um estômago de ruminante: as coisas vão e voltam. É assim que se fazem as avaliações escolares: testando a habilidade do aluno de repetir o que foi anteriormente aprendido. Avaliações escolares e exames vestibulares são testes dos estômagos ruminantes dos alunos.

Minha filha pequena, quando eu lhe contava estórias, me perguntava: "Papai, isso aconteceu de verdade?". Eu não podia responder porque a resposta era difícil para ela. Seria: "Não aconteceu nunca para que aconteça sempre e em todo lugar". O que acontece de verdade acontece só aquela vez. O que não aconteceu nunca, entretanto, acontece sempre em todos os lugares. O engravidamento da Virgem aconteceu de verdade? Respondo: não aconteceu nunca para que aconteça sempre. Acontece sempre que a palavra prazerosa faz amor com o ouvido. Aí a mente fica grávida e não se pode prever o que vai nascer. É bom pensar a educação como essa orgia de amor.

"O riso é virtude filosófica."

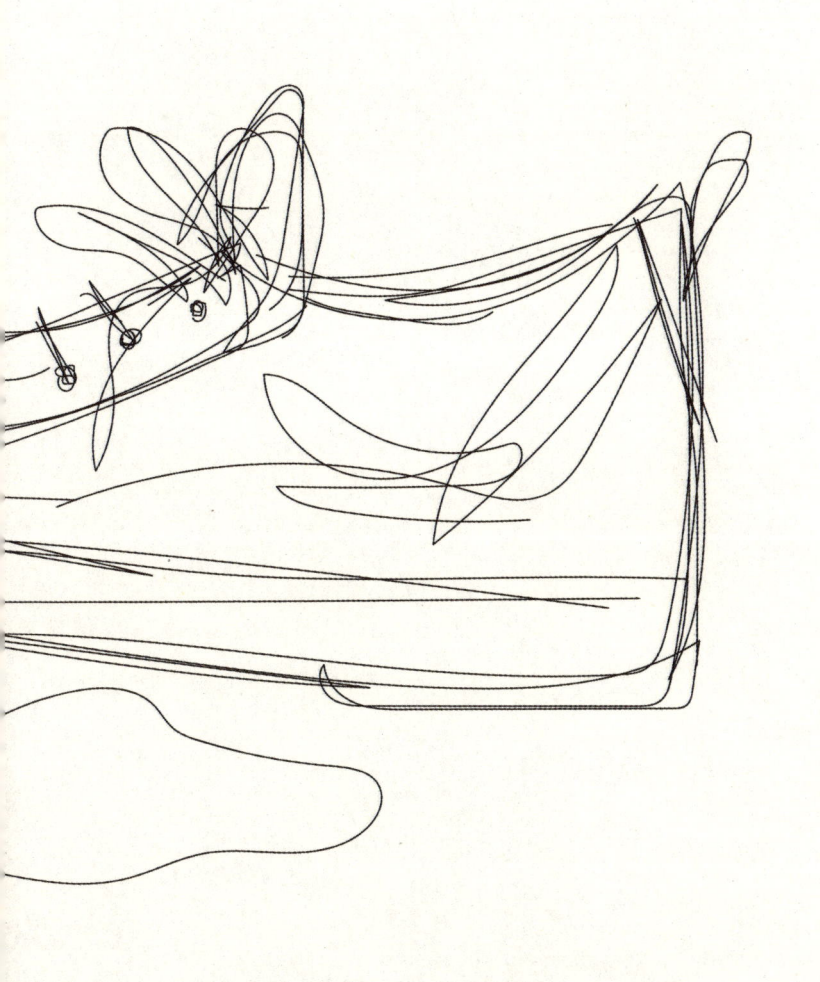

O fim dos vestibulares

Era o meu penúltimo dia como professor visitante nos Estados Unidos. Os alunos começaram a vir ao meu escritório para se despedir. Entrou uma jovem, longos cabelos ruivos, sardas. Olhou para mim, sorriu e disse: "Na noite passada sonhei com você. Sonhei que você era um palhaço...". Ela sorria. Sua voz tinha música. Era um carinho.

Perguntado sobre o seu nome, o demônio respondeu a Jesus: "Meu nome é Legião, porque somos muitos", afirmação que é confirmada pela psicanálise. A moça estava certa. No meu caso, entre a Legião que mora no meu corpo, um deles é um palhaço brincalhão. Sua companhia já me causou embaraço. Não me causa mais. Ao contrário, me dá um delicioso sentimento de leveza. Além disso, descobri que ele era e é frequentador de alguns dos pensadores que mais admiro. Nietzsche, que dizia que a verdade, para ser verdade, tem de ser acompanhada por um riso. Kolakowski, que escreveu um lindo ensaio intitulado "O sacerdote e o bufão". Octávio Paz, que afirma ser missão do intelectual fazer rir pelos seus pensamentos e fazer pensar por suas piadas.

O problema está em que, normalmente, as pessoas não se dão conta de que o riso é virtude filosófica. *Ridendo dicere severum*, afirmava Nietzsche: "Rindo, dizer as coisas sérias". Talvez em virtude de feitiços teológicos – no livro do Umberto Eco, *O nome da rosa*, o irmão Pedro amaldiçoava o riso como coisa demoníaca –, fomos levados a ligar o riso à leviandade e à falta de seriedade. Assim, estou sempre correndo o risco de ver as coisas que digo com a seriedade do riso serem ignoradas como nada mais que uma brincadeira.

É o caso da minha velha proposta para a solução da monstruosidade dos vestibulares, a meu ver uma das maiores pragas da educação brasileira. Os vestibulares são escorpiões com ferrões na cabeça e no rabo. Na cabeça, o ferrão pica para a frente: aqueles que estão tentando entrar na universidade. No rabo, ele pica para trás: as crianças e os adolescentes – escolas boas são as que os preparam para os vestibulares. E, assim, os ditos exames, que são elaborados apenas como guilhotina para degolar os menos espertos que querem entrar, se estabelecem como camisas de força para o pensamento dos que estão apenas começando: são elevados à condição de norma maldita para o ensino fundamental e médio. A maior importância dos vestibulares está precisamente nisto: as deformações que eles impõem sobre a educação que os antecede.

Os vestibulares podem ser melhorados. Qualquer melhoria, entretanto, não compensa os estragos que fazem. Ao invés de serem melhorados, proponho que sejam abolidos. Como é que podem ser abolidos? Fala-se em adotar o modelo americano: a seleção se faria pelos currículos escolares. Essa solução é muito pior que os atuais vestibulares. Ela criaria uma "liga" de escolas de elite, caminho indispensável para a entrada nas universidades, tal como acontece nos Estados Unidos, aumentando assim as vantagens dos ricos sobre os pobres.

Fala então o bufão, lembrando os leitores de que, por absurda que possa parecer, a sua proposta é coisa séria.

Proponho que o vestibular seja substituído por um sorteio. Todos os que concluírem o ensino médio poderão entrar no sorteio. Vantagens:

1. Os pobres poderiam ter esperanças de entrar na universidade. Nenhuma outra solução é tão democrática quanto esta.

2. Os cursinhos seriam automaticamente fechados. O dinheiro que neles gastam as classes média e rica seria economizado.

3. O ensino médio e o fundamental ficariam livres da camisa de força que os vestibulares lhes impõem. As propostas educacionais teriam de ser avaliadas, então, pelo seu valor cultural, como educação, e não por sua capacidade para ensinar técnicas para passar nos vestibulares.

4. As classes média e rica, liberadas dos gastos com os cursinhos e diante do fato de

que seus filhos não são sorteados, teriam à sua disposição recursos financeiros substanciais que poderiam ser investidos na criação de excelentes universidades particulares, à semelhança do que ocorre nos Estados Unidos. Os pobres teriam mais chances de acesso à educação universitária pública gratuita e os ricos poderiam criar suas próprias instituições de ensino superior, sem que o governo tivesse de lançar mão de seus recursos.

Objeção: o sorteio permitiria o acesso às universidades de qualquer estudante, mesmo aqueles que estudaram nas piores escolas e tiraram as piores notas, contribuindo assim para piorar o nível já baixíssimo da nossa educação.

Contestação: esse perigo seria evitado por um exame nacional, ao fim do ensino médio, que teria por objetivo determinar aqueles que cumpriram as exigências mínimas de conhecimento estabelecidas pela lei. Um exame não classificatório, que teria apenas duas notas: aprovado, reprovado.

Os aprovados todos poderiam entrar no sorteio. Esse exame, por sua vez, se constituiria num instrumento para que o Ministério da Educação avaliasse o desempenho das escolas.

A proposta tem defeitos e injustiças – infinitamente menores que aqueles dos vestibulares.

Acho que o palhaço merece, pelo menos, ser ouvido e ser levado em consideração...

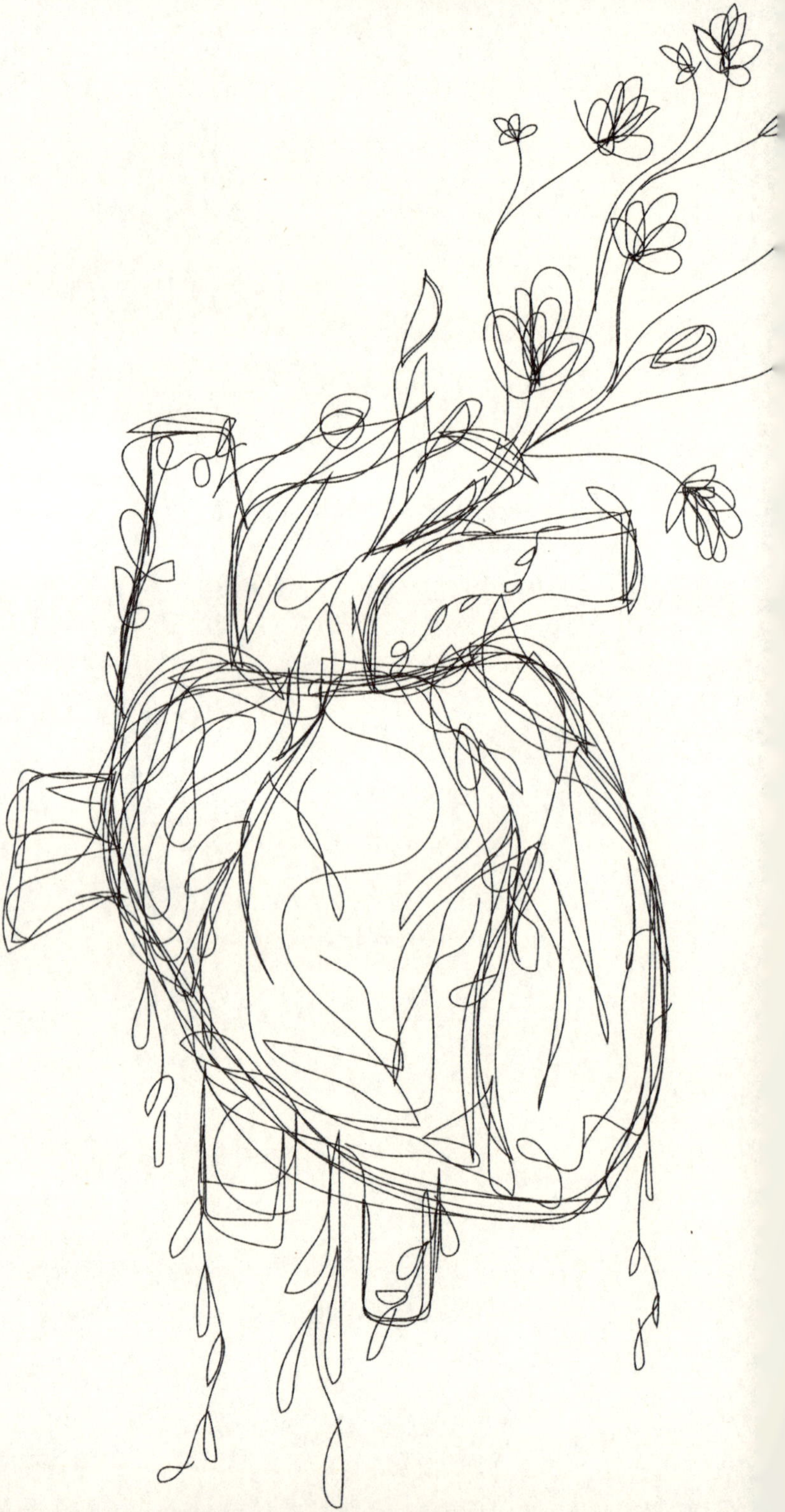

"A cabeça pode esquecer, mas aquilo que foi aprendido com o coração não é esquecido nunca."

Cabeça vazia

Os doutores nas coisas divinas sentenciaram que "cabeça vazia é oficina do diabo". E chegaram mesmo a inventar rezas a serem repetidas como realejo, só para encher a cabeça, tão logo ela fique vazia. Pensavam que, por esse modo, enchendo a cabeça com palavras, não ficaria espaço livre em que o diabo se alojasse.

Eu discordo. Quando a minha cabeça fica vazia, eu me vejo transformado em criança. Ponho-me a brincar. Brinco com as palavras. As palavras viram brinquedos.

Assim, em herética e erótica oposição aos juízos teologais, afirmo a minha verdade humana e infantil: "Cabeça vazia é um quarto de brinquedos". Quando ela fica vazia, sem tarefas ou obrigações a cumprir, minha cabeça vira um menino e se põe a brincar com as palavras. Claro que aqueles que são graves e adultos e desaprenderam a arte de brincar ficam enlouquecidos no meio dos brinquedos – e aí o diabo toma conta de corpo e alma. Pois o diabo não brinca. Ele é sempre grave. Então, você não sabia que palavras são brinquedos...

Brinquedos são objetos curiosos. Não servem para nada. Diferentes das ferramentas e utensílios, que sempre servem para alguma coisa...

Um pião, uma pipa, umas bolinhas de gude, um riscado de amarelinha, umas pedrinhas que se jogam para o alto e se pegam antes que caiam, umas bolas de sabão sopradas de um canudinho: não têm utilidade alguma. Servem só para brincar. Brinquedo é isto: um objeto que não serve para nada e nem é preciso que sirva, pois ele existe só para uma coisa: dar riso e alegria a quem brinca com ele.

Foi um poema do Alberto Caeiro que me convenceu de que há um menino morando dentro de mim – e de que é ele que transforma as graves palavras em risonhos brinquedos. É aquele em que ele conta do Jesus-menino que voltou à Terra:

É uma criança bonita de riso e natural. [...]
Atira pedras aos burros,
Rouba a fruta dos pomares. [...]
Corre atrás das raparigas
Que vão em ranchos pelas estradas
Com as bilhas às cabeças
E levanta-lhes as saias. [...]

Mostra-me como as pedras são engraçadas
Quando a gente as tem na mão
E olha devagar para elas. [...]

Ao anoitecer brincamos as cinco pedrinhas
No degrau da porta de casa,
Graves como convém a um deus e a um
poeta,
E como se cada pedra
Fosse todo um universo
E fosse por isso um grande perigo para ela
Deixá-la cair no chão.

Brinco com as palavras como quem brinca com as cinco pedrinhas. Eu as jogo para cima e, quando caem, são outra coisa. E é aí que brotam o espanto e o riso... Drummond também comparava as palavras às pedras e dizia que, "ermas de melodia e conceito, elas rolam num rio difícil". Mas acrescentava: "Sua face neutra" esconde "mil faces secretas"...

E este é, justamente, o brinquedo: jogar para cima a pedra dura e receber de volta uma "borboleta" que faz rir.

Como é o caso da palavra "calhamaço" – que a gente joga para cima como um maço grande de papéis e, quando pega de volta, virou uma mulher gorda e feia. Se duvida, consulte o dicionário, que é o feiticeiro dessas transformações. Muito cuidado, portanto, ao usar essa palavra, pois é possível que alguém a tome como ofensa pessoal.

E a expressão que a gente usa tanto, "de cor"? Passou até a ser usada de forma pejorativa na palavra "decoreba", para significar um conhecimento mecânico e burro. Mas "de cor" vem da palavra latina que quer dizer coração (*cor, cordis*). Assim, saber alguma coisa de cor é mais que saber com a cabeça. É saber que mora no lugar onde a vida pulsa. A cabeça pode esquecer, mas aquilo que foi aprendido com o coração não é esquecido nunca.

Outra palavra gostosa de se brincar com ela é a palavra "sábio". Até Nietzsche a jogou para cima, no seu comentário sobre o pré-socrático Tales de Mileto. "Sábio se prende, etimologicamente, a *sapio*, eu saboreio; e a *sapiens*, o degustador; e a *sisyphos*, o homem do gosto mais apurado [...]." E a gente compreende, num relance, que sabedoria nada tem a ver com a quantidade de informações que alguém possa ter na cabeça, mas antes com a capacidade de discernir o gosto das coisas, o que levou Barthes a dizer que sabedoria é coisa de prazer...

E há aquelas duas palavrinhas sem graça e sem cor, "explanar" e "explicar". Foi num sonho que o menino lhes levantou a saia e viu... Eu estava nos Estados Unidos e havia tido um debate com meus alunos, cartesianos, que queriam que todas as coisas fossem *explained* (explanadas) e *explicated* (explicadas). De noite sonhei. Era um cenário de montanhas e precipícios, e sabia-se que o que acontecia tinha a ver com "explanar". Vinha um trator, tirava terra da montanha e enchia o precipício. Foi então que entendi. A primeira coisa que fiz, ao acordar, foi correr à biblioteca para consultar o dicionário Webster. Estava lá, *explain* vem do latim *explanare*, "tornar plano". E, desde então, sempre que ouço essa palavra, vejo um trator dedicado a destruir montanhas e encher abismos, a eliminar mistérios e iluminar as sombras. Coisa parecida com "explicar", que significa "tirar as pregas", "alisar". Há pessoas que não suportam viajar pelos cenários preguedados das montanhas: preferem as rodovias planas iluminadas a mercúrio...

E, de repente, brincando com as minhas pedrinhas, me dou conta de que são elas que estão brincando comigo. Porque, quando as jogo para cima, fico de cabeça para baixo. O que confirma a minha hipótese inicial sobre o menino Jesus do poema de Alberto Caeiro. Pois era justo isso que ele fazia com o poeta:

> [...] brinca com os meus sonhos.
> Vira uns de pernas para o ar,
> Põe uns em cima dos outros
> E bate as palmas sozinho
> Sorrindo para o meu sono.

Haverá coisa mais divertida que bagunçar o mundo arrumado em que vivemos? Basta prestar atenção nas coisas insólitas que as palavras escondem sob suas saias...

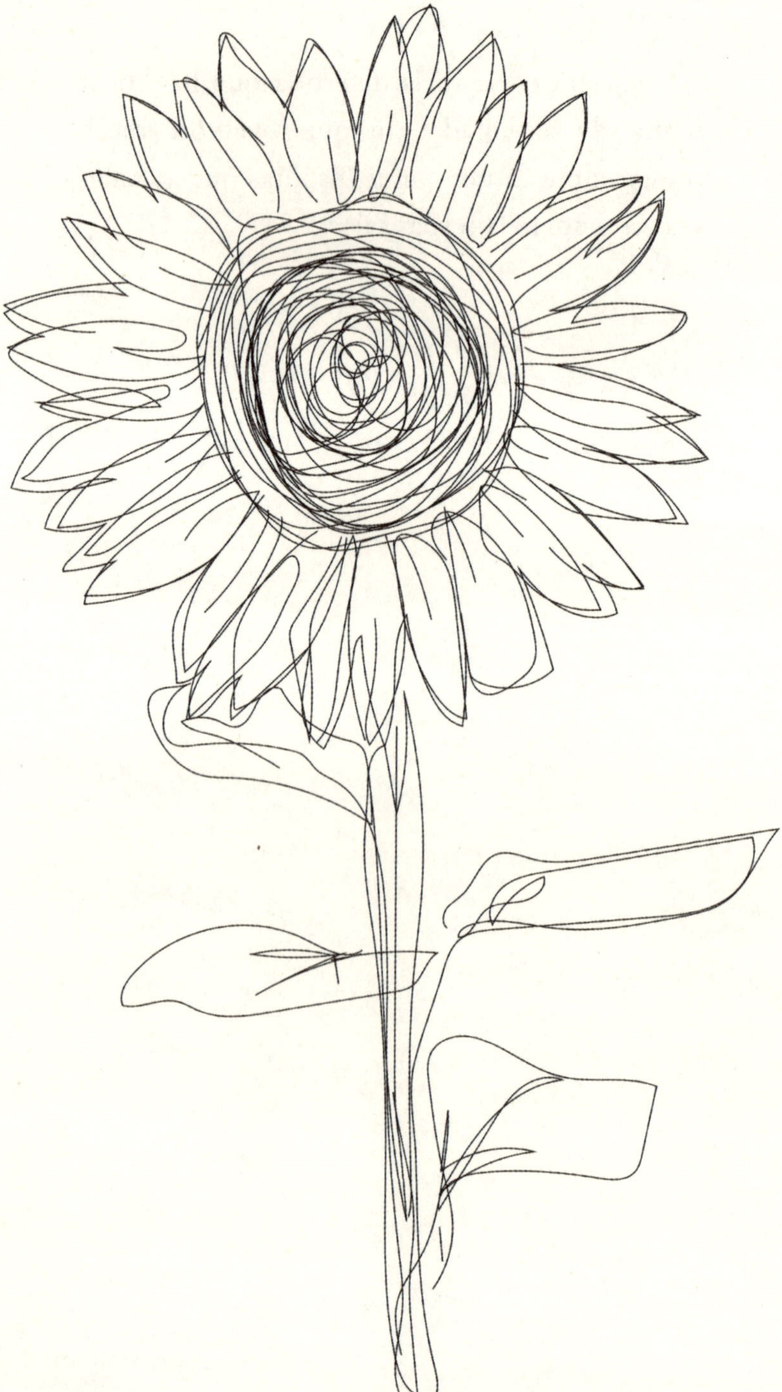

"Poema é palavra
mágica que chama
a vida que mora
escondida em nós."

Magia

Vamos brincar de escola. É aula de Português, e a professora, moderninha, quer fazer seus alunos pensarem. Trouxe um poema. Vai fazer as cabecinhas trabalharem. É preciso que as ideias sejam claras e distintas. Que se saiba o que foi lido. Conscientização. E diz: "Muita atenção. Vou começar a leitura". E fala, voz firme, esses sibilantes e erres escarrados. Para que os sons não enganem os ouvidos, os ouvidos não enganem a razão, e a razão não engane o corpo.

> Na noite lenta e morna, morta noite sem ruído, um menino chora.
> O choro atrás da parede, a luz atrás da vidraça perdem-se na sombra dos passos abafados, das vozes extenuadas.
> E no entanto se ouve até o rumor da gota do remédio caindo na colher.

Um menino chora na noite, atrás da parede,
atrás da rua,
longe um menino chora, em outra cidade talvez,
talvez em outro mundo.

E vejo a mão que levanta a colher, enquanto
outra sustenta a cabeça
e vejo o fio oleoso que escorre pelo queixo do
menino
escorre pela rua, escorre pela cidade (um fio
apenas).
E não há ninguém mais no mundo a não ser
esse menino chorando.

Terminou a leitura. Ela olha sorridente, pronta a dar a tarefa.

— Vamos interpretar...

Flutuam, no ar, pensamentos não ditos, subentendidos.

Interpretar. Ah! Se ela tivesse dito "o giz é branco", nenhuma interpretação seria necessária, interpretação é coisa que se diz depois de fala confusa. Luz que se acende no escuro. Esse fio oleoso que escorre pelo queixo do menino, e escorre pela rua, e escorre pela cidade, é claro que precisa ser interpretado. Caso contrário uma alma desavisada chamaria os bombeiros para fazer a limpeza, e os motoristas começariam a derrapar no óleo que besuntou o asfalto. É preciso dizer que isso é figura de linguagem. Coisa dita de forma nebulosa porque o escritor, pobre coitado, não se lembrou das palavras claras e distintas. Se ele tivesse lido sobre Descartes, com certeza não se teria dedicado à poesia. Preferiria o dizer científico, as análises das dores, cada coisa em seu lugar, os óleos nas garrafas e nos estômagos, e na rua os maços de cigarro embolados, os pneus, os cartões de visita caninos. Remédio oleoso é que não mora lá. Pobre poeta. Confuso. Vamos em seu auxílio, interpretações a tiracolo. Para espantar as brumas e lançar luz na sombra.

Interpretação: o poeta descreve uma cena noturna, de um menino doente que toma um remédio oleoso. Acidentalmente o remédio derramou sobre o seu queixo. Suas palavras indicam que tal cena perturbou os seus sentimentos. Tanto assim que ele tem alucinações, visões do remédio que se espalha sobre a cidade e do menino enchendo o mundo inteiro. Deve ser um pesadelo.

Ah! Como as palavras claras e distintas são melhores. Dizem as coisas tais como realmente são, sem desejo e sem emoção. Antes, ao ler o poeta, a viscosidade do remédio lambuzava as mãos da gente, e o chorinho fraco do menino torcia os nossos nervos. Mas, agora, a confusão se desfez. Todo o mundo sabe que o texto com palavras claras e distintas deve ser melhor que o texto confuso. Podemos, portanto, jogar definitivamente o poema na cesta de papéis e ficar com a interpretação...

Só que parece que alguma coisa se perdeu. Antes, o texto pedia para ser repetido. E eu o lia e relia, e, cada vez que isso acontecia, o corpo inteiro me doía, nostalgia, nevralgia, nervosia... Ah! O poema me entrava na carne e me fazia estremecer. Agora, a interpretação se encontra na gaveta. Definitiva. Lia-se uma vez. Nunca mais. Ela não pede para ser repetida. Não desejo voltar a ela.

Coisa estranha esta, que sejam justamente as palavras obscuras e misteriosas do poema que me seduzam, enquanto as outras, por verdadeiras e precisas que sejam, me deixam inerte.

Não, poemas não são para ser interpretados. O texto claro não é melhor que o texto obscuro. Na verdade, uma ideia em neblina é melhor que duas de sol a pino. Porque as ideias de sol a pino põem fim à conversa, enquanto as ideias de neblina convidam à troca de confidências.

Interpretar: dizer aquilo que o autor queria dizer, mas não disse. Interpretamos o poema, o quadro, a música... "O que ele queria dizer era..." A arrogância de quem sabe mais. Poemas não são para ser interpretados e nem para ser entendidos. Quem entende não entendeu. Poemas são como coisas: velhas árvores, a cuja sombra nos assentamos, sem entender. Caquis translúcidos que chupamos, lambemos, mordemos, sem interpretar. Rosto ao qual encostamos o nosso próprio, sem dizer uma única palavra clara e distinta, porque isso quebraria o encanto.

Uma vez eu estava com meu irmão. E conversávamos sobre as coisas da vida, da religião e da poesia, quando ele, de repente, me perguntou:

— Rubem, você acredita nessas coisas que você escreve?

Claro que é meio difícil acreditar, porque faz muito que funguei com Descartes, fujo das ideias claras e distintas, prefiro as palavras que deixam o leitor naquela estranha sensação de não saber se entendeu ou não entendeu, porque não é para ser entendido... Acreditar na poesia, seria isso possível? Ali, à nossa frente, estava a garrafa de vinho, o vermelho luminoso do copo eucarístico do Salvador Dalí, muitos luares, muitas chuvas, muitos solitários pios de pássaros em cada copo. Tomei o vinho e perguntei:

— Em que é que você precisa acreditar para tomar o vinho?

Meio espantado, ele respondeu:

— Em nada, é claro. Basta o vinho. É bom, bonito, traz alegria...

Acrescentei:

— A mesma coisa com as palavras. Não é preciso acreditar. Acreditar é coisa de cabeça. Mas as palavras são coisas para o corpo. "Não só de pão vive o homem, mas de toda a palavra..." Tomamos o vinho não porque acreditemos nele, mas por aquilo que ele faz com o nosso corpo.

Para aqueles que moram no corpo, palavra é coisa que se acolhe como quem colhe a uva. Coisa para comer e beber. E ficamos com ela por aquilo que ela faz conosco. As coisas boas que ela acorda lá no fundo, a alegria, o corpo que se expande para sentir as dores e as esperanças dos outros... Não foi isso que fez o poema? Sentimo-nos bem lá, no quarto, na noite, no visgo, no choro... As palavras fazem crescer o nosso corpo, crescer os nossos olhos, os ouvidos, o nariz, a boca... Tudo fica mais sensível. Odores novos, murmúrios não ouvidos, cores e gestos, mundos submarinos que agora se veem. Diziam Gandhi e Tagore que as massas famintas esperam um poema, poema que é alimento... Dirão que é magia. Isso mesmo... Interpretação é bisturi do cérebro que retalha a palavra. E tudo fica como era. Mas o poema é palavra mágica que chama a vida que mora escondida em nós.

> "O afeto é o movimento da alma na busca do objeto de sua fome."

Receita para se comer queijo

Adélia Prado me ensina pedagogia. Diz ela: "Não quero faca nem queijo; quero é fome". O comer não começa com o queijo. O comer começa na fome de comer queijo. Se não tenho fome, é inútil ter queijo. Mas, se tenho fome de queijo e não tenho queijo, eu dou um jeito de arranjar um queijo...

Sugeri, faz muitos anos, que, para entrarem numa escola, alunos e professores deveriam passar por uma cozinha. Os cozinheiros bem que podem dar lições aos professores. Foi na cozinha que a Babette e a Tita realizaram suas feitiçarias... Se vocês, por acaso, ainda não as conhecem, tratem de conhecê-las: a Babette, no filme *A festa de Babette*, e a Tita, no filme *Como água para chocolate*. Babette e Tita, feiticeiras, sabiam que os banquetes não se iniciam com a comida que se serve. Eles se iniciam com a fome. A verdadeira cozinheira é aquela que sabe a arte de produzir fome...

Quando vivi nos Estados Unidos, minha família e eu visitávamos, vez por outra, uma parenta distante, nascida na Alemanha. Seus hábitos germânicos eram rígidos e implacáveis. Não admitia que uma criança se recusasse a comer a comida que era servida. Meus dois filhos, meninos, movidos pelo medo, comiam em silêncio. Mas eu me lembro de uma vez que, voltando para casa, foi preciso parar o carro para que vomitassem. Sem fome, o corpo se recusa a comer. Forçado, ele vomita.

Toda experiência de aprendizagem se inicia com uma experiência afetiva. É a fome que põe em funcionamento o aparelho pensador. Fome é afeto. O pensamento nasce do afeto, nasce da fome. Não confundir afeto com beijinhos e carinhos. Afeto, do latim *affecare*, quer dizer "ir atrás". O afeto é o movimento da alma na busca do objeto de sua fome. É o eros platônico, a fome que faz a alma voar em busca do fruto sonhado.

Eu era menino. Ao lado da pequena casa em que eu morava havia uma casa com um pomar enorme que eu devorava com os olhos, olhando sobre o muro. Pois aconteceu que uma árvore, cujos galhos chegavam a dois metros do muro, se cobriu de frutinhas que eu não conhecia. Eram pequenas, redondas, vermelhas, brilhantes. A simples visão daquelas frutinhas vermelhas provocou o meu desejo. Eu queria comê-las. E foi então que, provocada pelo meu desejo, minha máquina de pensar se pôs a funcionar. Anote isto: o pensamento é a ponte que o corpo constrói a fim de chegar ao objeto do seu desejo.

Se eu não tivesse visto e desejado as ditas frutinhas, minha máquina de pensar teria permanecido parada. Imagine que a vizinha, ao ver os meus olhos desejantes sobre o muro, com dó de mim me tivesse dado um punhado das ditas frutinhas, pitangas. Nesse caso também minha máquina de pensar não teria funcionado. Meu desejo teria se realizado por meio de um atalho sem que eu tivesse tido necessidade de pensar. Anote isto: se o desejo for satisfeito, a máquina de pensar não pensa. Assim, realizando-se o desejo, o pensamento não acontece. A maneira mais fácil de abortar o pensamento é realizando o desejo. Esse é o pecado de muitos pais e professores que ensinam as respostas antes que tivesse havido perguntas.

Provocada pelo meu desejo, minha máquina de pensar me fez uma primeira sugestão, criminosa. "Pule o muro à noite e roube as pitangas." Furto, fruto, tão próximos... Sim, de fato era uma solução racional. O furto me levaria ao fruto desejado. Mas havia um senão: o medo. E se eu fosse pilhado no momento do meu furto? Assim, rejeitei o pensamento criminoso, pelo seu perigo. Mas o desejo continuou, e minha máquina de pensar tratou de encontrar outra solução: "Construa uma maquineta de roubar pitangas". McLuhan nos ensinou que todos os meios técnicos são extensões do corpo. Bicicletas são extensões das pernas, óculos são extensões dos olhos, facas são extensões das unhas. Uma maquineta de roubar pitangas teria de ser uma extensão do braço. Um braço comprido, com cerca de dois metros. Peguei um pedaço de bambu. Mas um braço comprido de bambu sem uma mão seria inútil: as pitangas cairiam. Achei uma lata de massa de tomates vazia. Amarrei-a com um arame na ponta do bambu. E lhe fiz um dente, que funcionasse como um dedo que segura. Feita a minha máquina, apanhei todas as pitangas que quis e satisfiz meu desejo. Anote isto: conhecimentos são extensões do corpo para a realização do desejo.

Imagine agora que eu, mudando-me para um apartamento no Rio de Janeiro, tivesse a ideia de ensinar ao menino meu vizinho a arte de fabricar maquinetas de roubar pitangas. Ele me olharia com desinteresse e pensaria que eu estava louco. No prédio não havia pitangas para serem roubadas. A cabeça não pensa aquilo que o coração não pede. Anote isto: conhecimentos que não são nascidos do desejo são como uma maravilhosa cozinha na casa de um homem que sofre de anorexia. Homem sem fome: o fogão nunca será aceso. O banquete nunca será servido. Dizia Miguel de Unamuno: "Saber por saber: isso é inumano...".

A tarefa do professor é a mesma da cozinheira: antes de dar faca e queijo ao aluno, provocar a fome... Se ele tiver fome, mesmo que não haja queijo, ele acabará por fazer uma maquineta de roubar queijos. Toda tese acadêmica deveria ser isto: uma maquineta de roubar o objeto que se deseja...

"São as ideias dançantes na cabeça que fazem as tintas dançarem sobre a tela."

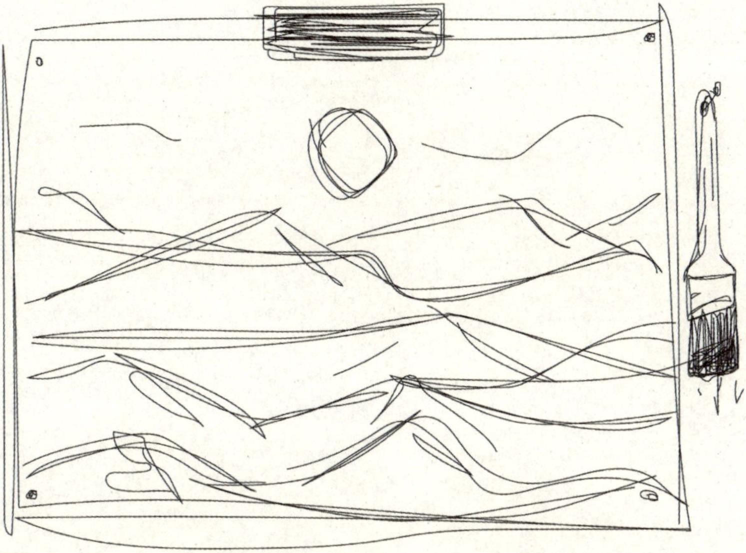

Pensar

Quando eu era menino, na escola, as professoras me ensinaram que o Brasil estava destinado a um futuro grandioso porque as suas terras estavam cheias de riquezas: ferro, ouro, diamantes, florestas e coisas semelhantes. Ensinaram errado. O que me disseram equivale a predizer que um homem será um grande pintor por ser dono de uma loja de tintas. Mas o que faz um quadro não é a tinta: são as ideias que moram na cabeça do pintor. São as ideias dançantes na cabeça que fazem as tintas dançarem sobre a tela.

Por isso, sendo um país tão rico, somos um povo tão pobre. Somos pobres em ideias. Não sabemos pensar. Nisso nos parecemos com os dinossauros, que tinham excesso de massa muscular e cérebros de galinha. Hoje, nas relações de troca entre os países, o bem mais caro, o bem mais cuidadosamente guardado, o bem que não se vende, são as ideias. É com as ideias que o mundo é feito. Prova disso são os tigres asiáticos, Japão, Coreia, Formosa, que, pobres de recursos naturais, se enriqueceram por terem se especializado na arte de pensar.

Minha filha me fez uma pergunta: "O que é pensar?". Disse-me que essa era uma pergunta que o professor de filosofia havia proposto à classe. Pelo que lhe dou os parabéns. Primeiro, por ter ido diretamente à questão essencial. Segundo, por ter tido a sabedoria de fazer a pergunta, sem dar a resposta. Porque, se tivesse dado a resposta, teria com ela cortado as asas do pensamento.

O pensamento é como a águia que só alça voo nos espaços vazios do desconhecido. Pensar é voar sobre o que não se sabe. Não existe nada mais fatal para o pensamento que o ensino das respostas certas. Para isto existem as escolas: não para ensinar as respostas, mas para ensinar as perguntas. As respostas nos permitem andar sobre a terra firme. Mas somente as perguntas nos permitem entrar pelo mar desconhecido.

E, no entanto, não podemos viver sem as respostas. As asas, para o impulso inicial do voo, dependem de pés apoiados na terra firme. Os pássaros, antes de saberem voar, aprendem a se apoiar sobre os seus pés. Também as crianças, antes de aprenderem a voar, têm de aprender a caminhar sobre a terra firme.

Terra firme: as milhares de perguntas para as quais as gerações passadas já descobriram as respostas. O primeiro momento da educação é a transmissão desse saber.

Nas palavras de Roland Barthes: "Há um momento em que se ensina o que se sabe...". E o curioso é que esse aprendizado é justamente para nos poupar da necessidade de pensar.

As gerações mais velhas ensinam às mais novas as receitas que funcionam. Sei amarrar os meus sapatos automaticamente, sei dar o nó na minha gravata automaticamente: as mãos fazem o seu trabalho com destreza, enquanto as ideias andam por outros lugares.

Aquilo que um dia eu não sabia me foi ensinado; aprendi com o corpo e esqueci com a cabeça. E a condição para que minhas mãos saibam bem é que a cabeça não pense sobre o que elas estão fazendo. Um pianista que, na hora da execução, pensa sobre os caminhos que seus dedos deverão seguir, tropeçará fatalmente.

Há a estória de uma centopeia que andava feliz pelo jardim quando foi interpelada por um grilo: "Dona Centopeia, sempre tive curiosidade sobre uma coisa: quando a senhora anda, qual, entre as suas cem pernas, é aquela que a senhora movimenta primeiro?". "Curioso", ela respondeu. "Sempre andei, mas nunca me propus esta questão. Da próxima vez, prestarei atenção." Termina a estória dizendo que a centopeia nunca mais conseguiu andar.

Todo o mundo fala, e fala bem.

Ninguém sabe como a linguagem foi ensinada e nem como ela foi aprendida. A despeito disso, o ensino foi tão eficiente que não preciso pensar para falar. Ao falar, não sei se estou usando um substantivo, um verbo ou um adjetivo, e nem me lembro das regras da gramática. Quem, para falar, tem de se lembrar dessas coisas, não sabe falar. Há um nível de aprendizado em que o pensamento é um estorvo. Só se sabe bem com o corpo aquilo que a cabeça esqueceu. E assim escrevemos, lemos, andamos de bicicleta, nadamos, pregamos pregos, guiamos carros: sem saber com a cabeça, porque o corpo sabe melhor. É um conhecimento que se tornou parte inconsciente de mim mesmo. E isso me poupa do trabalho de pensar o já sabido. Ensinar, aqui, é inconscientizar.

O sabido é o não pensado, que fica guardado, pronto para ser usado como receita, na memória desse computador que se chama cérebro. Basta apertar a tecla adequada para que a receita apareça no vídeo da consciência. Aperto a tecla "moqueca". A receita aparece no meu vídeo cerebral: panela de barro, azeite, peixe, tomate, cebola, coentro, cheiro-verde, urucum, sal, pimenta, seguidos de uma série de instruções sobre o que fazer.

Não é coisa que eu tenha inventado. Me foi ensinado. Não precisei pensar. Gostei. Foi para a memória. Esta é a regra fundamental desse computador que vive no corpo humano: só vai para a memória aquilo que é objeto do desejo. A tarefa primordial do professor: seduzir o aluno para que ele deseje e, desejando, aprenda.

E o saber fica memorizado *de cor* – etimologicamente, *no coração* –, à espera de que a tecla do desejo de novo o chame do seu lugar de esquecimento. Memória: um saber que o passado sedimentou. Indispensável para se repetirem as receitas que os mortos nos legaram. E elas são boas. Tão boas que nos fazem esquecer que é preciso voar. Permitem que andemos pelas trilhas batidas. Mas nada têm a dizer sobre mares desconhecidos.

Muitas pessoas, de tanto repetirem as receitas, metamorfosearam-se de águias em tartarugas. E não são poucas as tartarugas que possuem diplomas universitários.

Aqui se encontra o perigo das escolas: de tanto ensinarem o que o passado legou – e ensinarem bem – fazem os alunos se esquecerem de que o seu destino não é o passado cristalizado em saber, mas um futuro que se abre como vazio, um não saber que somente pode ser explorado com as asas do pensamento. Compreende-se então que Barthes tenha dito que, seguindo-se ao tempo em que se ensina o que se sabe, deve chegar o tempo em que se ensina o que não se sabe.

"A tarefa primordial do professor: seduzir o aluno para que ele deseje e, desejando, aprenda."

Biografia do autor

Rubem Alves nasceu em 15 de setembro de 1933 em Dores da Boa Esperança, em Minas Gerais. Filho de Herodiano Alves do Espírito Santo e Carmen de Azevedo Alves, caçula dos irmãos Ismael, Murilo e Ivan.

Conheceu muito cedo a pobreza, pois seu pai, que era um homem muito rico, foi levado à falência em 1930 devido à quebra da Bolsa de Nova York em 1929. Por conta disso, a família foi morar em uma roça, com casa de pau a pique, iluminada por lamparinas.

Aos poucos o padrão de vida ia melhorando, e eles se mudaram para Lambari, depois para Três Corações e então para Varginha. Durante as férias escolares, visitavam os avós maternos em um casarão colonial, de família abastada e tradicional em Lavras, Minas Gerais.

A despeito dos tempos pobres, Rubem Alves teve uma infância muito feliz, da qual sempre guardou memórias e "causos" com muito carinho e humor.

Em 1945, a família se muda para o Rio de Janeiro, onde teria um padrão de vida melhor. Rubem foi matriculado no Colégio Andrews, um dos mais famosos da cidade, onde conheceu o *bullying* por ser o garoto de sotaque "caipira" e pobre que estava estudando entre os ricos. Sua adolescência foi marcada por essa vivência, a qual o levou a rumos mais solitários. Em 1948, começou a estudar piano com o intuito de ser pianista profissional e também conheceu a primeira igreja protestante onde se sentiu acolhido, ligando-se ao protestantismo.

Em 1953, com 19 anos, muda-se para Campinas para fazer seu bacharelado em Teologia no Seminário Teológico Presbiteriano (filiado à Igreja Presbiteriana do Brasil), concluído em 30 de novembro de 1957.

Ao iniciar seu bacharelado em Campinas, Rubem Alves cursou paralelamente o CPOR de São Paulo (Centro de Preparação de Oficiais da

Reserva) do Ministério da Guerra, o qual concluiu em 10 de setembro de 1954, recebendo sua espada como prêmio de 1º lugar em Artilharia. E também durante esses anos continuou seus estudos de piano, obtendo seu diploma de habilitação para ensinar piano no Conservatório Carlos Gomes em 15 de dezembro de 1956.

No fim do seminário, em 1956, Rubem conhece Lidia Nopper, que começa a namorar. Concluído o seminário, torna-se pastor de uma comunidade presbiteriana em Lavras, no interior de Minas. Rubem e Lidia casam-se em 7 de fevereiro de 1959 e Lidia passa a morar com Rubem em Lavras. Em 10 de dezembro de 1959 nasce Sergio Nopper Alves, o primeiro filho do casal.

Em pouco tempo como pastor, Rubem tomou consciência de que sua linha de pensamento teológica não era convencional, o que o levaria a caminhos difíceis. Como ele mesmo escreveu: "Eu achava que religião não era para garantir o céu, depois da morte, mas para tornar esse mundo melhor, enquanto estamos vivos. Claro que minhas ideias foram recebidas com desconfiança...".

Nessa época, além de pastor, Rubem Alves lecionava Filosofia no curso científico do Instituto Gammon.

Em 17 de julho de 1962 nasce Marcos Nopper Alves, o segundo filho do casal. Em 1963, Rubem viaja sozinho para Nova York para fazer sua pós-graduação em estudos religiosos avançados no Union Theological Seminary, o qual lhe confere o título de Mestre de Teologia Sacra em 19 de maio de 1964, com a defesa da sua tese "A Theological Interpretation of the Meaning of the Revolution in Brazil" [Uma interpretação teológica do significado da revolução no Brasil]. Nesse período, Lidia fica com os filhos em Campinas, onde moravam seus pais.

No fim da sua estadia nos Estados Unidos, descobre a chegada do golpe militar de 31 de março de 1964, o que lhe dá grande preocupação, pois sabia que sua visão como pastor não era considerada ortodoxa. De volta ao Brasil, regressa a Lavras com a família, onde começam seus anos de solidão, medo e perseguição, uma vez que seu nome havia sido enviado ao Supremo Concílio com acusações difamatórias. "Voltei ao Brasil. Comecei a aprender a conviver com o medo. Antes eram só as fantasias. Agora, sua presença naquele homem que examinava o meu passaporte e o comparava com uma lista de nomes. Ali ficava eu, pendurado sobre o abismo, fingindo tranquilidade (qualquer emoção pode denunciar), até que o passaporte me era devolvido." Com ajuda dos seus amigos e contatos, tem acesso ao "dossiê", resultado da incursão militar de meses antes, o qual confirma que Rubem Alves era um dos indiciados. "O que mais doeu foi que uma das peças básicas da denúncia era um documento da direção do Instituto Gammon, escola protestante, que funcionava numa chácara que pertencera ao meu bisavô, que a vendera aos missionários que fugiam da epidemia de febre amarela em Campinas, nos fins do século passado."

Em 1965 foi convidado a fazer doutorado pela United Presbyterian Church (Igreja Presbiteriana Unida dos Estados Unidos da América), em combinação com o presidente do Seminário Teológico de Princeton. Rubem Alves volta aos Estados Unidos para morar em Princeton, desta vez junto com sua família. "Não me esqueço nunca do momento preciso quando o avião decolou. Respirei fundo e sorri, descontraído, na deliciosa euforia da liberdade." Em 4 de junho de 1968 recebe seu título de Doutor em Filosofia. Seus anos de exílio foram de muita felicidade.

Regressam para o Brasil no fim de 1968, para morar em Campinas, quando Rubem experimenta o desemprego. Em 1969 começa a lecionar na Faculdade de Filosofia de Rio Claro, onde inicia sua carreira acadêmica. Nessa época, influenciado pela experiência amarga do desemprego, renova seus conhecimentos de piano, obtendo o registro como professor de piano em 30 de junho de 1970, pelo Conselho Estadual de Cultura. Em 1971 é convidado a lecionar como professor visitante no Union Theological Seminary, em Nova York, onde vive novamente com sua família durante um ano; quando recebe o título de Cidadão Honorário de Indianápolis. Regressando novamente ao Brasil em 1972, retorna à Faculdade de Rio Claro.

Em 1974, ingressa no Instituto de Filosofia da Universidade Estadual de Campinas

(Unicamp). Em 10 de novembro de 1975 nasce sua filha Raquel Nopper Alves, fato que marca a sua vida e sua carreira. Ela nasce com lábio leporino e fissura palatal, e diante disso Rubem Alves transforma seu jeito de escrever. Começa a se desligar dos formatos acadêmicos de escrita, dando espaço àquilo que lhe dizia o coração, como forma de tocar a alma e também ajudar a sua filha.

Em 8 de abril de 1980 conquista o grau de Livre-Docente em Filosofia Política pela Unicamp e em 1982 torna-se membro da Academia Campinense de Letras. Segue sua carreira como professor universitário na Unicamp até o começo da década de 1990, quando se aposenta. Nesse período assume a Diretoria da Assessoria Especial para Assuntos de Ensino (de 1983 a 1985) e a Diretoria da Assessoria de Relações Internacionais (de 1985 a 1988).

Esses anos marcam o início da explosão da sua carreira como escritor, quando começa a lançar seus primeiros livros em 1984, totalmente descomprometidos com a linguagem e o ambiente acadêmicos. Inspirado pela sua filha, começa a escrever estórias para crianças também. No fim dessa década, começa a fazer curso de formação em Psicanálise em São Paulo, para iniciar sua trajetória como psicanalista quando se aposentasse.

Durante a década de 1990, dedicou-se à sua rotina de psicanalista e escritor, e nessa época já era convidado a dar palestras por todo o Brasil na área de educação.

Em 1995 divorciou-se de Lidia para começar um relacionamento com Thais Couto, com quem teve uma relação estável durante catorze anos.

Neste mesmo ano, em 3 de maio, recebe o título de Professor Emérito da Unicamp, devido à sua contribuição ao desenvolvimento da universidade. E em 27 de maio de 1996 recebe o título de cidadão campineiro, pela cultura que trazia para a cidade.

Os anos de seu relacionamento com Thais marcam seu desligamento gradativo da vida de psicanalista, ocupando-se exclusivamente de dar palestras (nacionais e internacionais) e escrever. Foi nesses anos que conheceu o vilarejo de Pocinhos do Rio Verde, por onde se apaixona.

Constrói um chalé no alto de uma colina desse lugar, para poder viver perto da natureza também, revezando dias em Campinas e dias em Pocinhos (de 1998 a 2008). Rubem Alves se consagrou como um dos maiores nomes da educação brasileira nesses anos, e também intensificou sua produção literária nas áreas de educação e crônicas do cotidiano.

Em 2003, recebe do governador do estado de São Paulo o Prêmio PNBE "O educador que queremos". Em 2006 seu relacionamento com Thais termina, e Rubem Alves descobre um câncer no estômago, do qual se cura apenas cirurgicamente. Retoma seu relacionamento com Thais no fim desse ano, até 2009, quando rompem definitivamente. Recebe o 2º lugar do Prêmio Jabuti na categoria "Contos e Crônicas" com seu livro *Ostra feliz não faz pérola* (Editora Planeta) e logo em seguida, em 9 de novembro de 2009, submete-se a uma cirurgia cardíaca.

O processo de pós-operatório o reaproxima de Lidia, com quem nunca perdera contato definitivamente. Em 18 de dezembro de 2010

Rubem e Lidia se casam novamente. No início de 2011 descobre o mal de Parkinson, doença que o enfraquece aos poucos, forçando a parada gradativa de suas tarefas e de seus compromissos, como palestras e escritas semanais de crônicas para jornais.

Em 2012, a publicação nos Estados Unidos do seu livro *Transparências da eternidade*, intitulado *Transparencies of Eternity*, recebeu o prêmio Eric Hoffer Awards (Menção Honrosa em Excelência em publicações religiosas). Fundou em 15 de setembro do mesmo ano o Instituto Rubem Alves, com a iniciativa de preservar e perpetuar todo o seu acervo e a sua obra e também marcar a presença do seu pensamento na educação no Brasil.

Faleceu em 19 de julho de 2014, de falência múltipla dos órgãos.

Saiba mais em https://institutorubemalves.org.br/

Outros títulos do autor pela Editora Planeta

- *O SAPO QUE QUERIA SER PRÍNCIPE*
- *VARIAÇÕES SOBRE O PRAZER*
- *PAISAGENS DA ALMA*
- *A GRANDE ARTE DE SER FELIZ*
- *O DEUS QUE CONHEÇO*
- *A EDUCAÇÃO DOS SENTIDOS*
- *A ETERNIDADE NUMA HORA*
- *CANTOS DO PÁSSARO ENCANTADO*
- *SE EU PUDESSE VIVER MINHA VIDA NOVAMENTE*
- *RUBEM ALVES ESSENCIAL*
- *DO UNIVERSO À JABUTICABA*
- *O VELHO QUE ACORDOU MENINO*
- *PERGUNTARAM-ME SE ACREDITO EM DEUS*
- *PIMENTAS*

Nova edição de
Ostra feliz não faz pérola

A ostra, para fazer uma pérola, precisa ter dentro de si um grão de areia que a faça sofrer. Sofrendo, a ostra diz para si mesma: "Preciso envolver esta areia pontuda que me machuca com uma esfera lisa que lhe tire as pontas...". Ostras felizes não fazem pérolas. Pessoas felizes não sentem a necessidade de criar.

O ato criador, seja na ciência ou na arte, surge sempre de uma dor. Não é preciso que seja uma dor doída. Por vezes, a dor aparece como aquela coceira que tem o nome de curiosidade.

Este livro é repleto de areias pontudas que machucam, mas que fazem da dor uma razão para sempre continuar. Qualquer página deste livro é um começo e um fim.

"Rubem Alves era apaixonado pela vida. Eu espero que essa paixão comece a te contagiar a partir de agora."

Raquel Alves, filha e presidente do Instituto Rubem Alves

"Rubem Alves nos ensinou a conviver com as nossas sombras e das sombras descobrir os anjos que as habitam."

Leonardo Boff, teólogo e escritor

"Um exímio provocador."

Antônio Abujamra, ator e apresentador

"Rubem Alves sempre foi um libertário."

Gonçalo Junior, biógrafo

**Acreditamos
nos livros**

Este livro foi composto em Adobe Garamond
Pro e impresso pela Gráfica Santa Marta para a
Editora Planeta do Brasil em agosto de 2025.